BEI GRIN MACHT SICH IHR WISSEN BEZAHLT

- Wir veröffentlichen Ihre Hausarbeit, Bachelor- und Masterarbeit

- Ihr eigenes eBook und Buch - weltweit in allen wichtigen Shops

- Verdienen Sie an jedem Verkauf

Jetzt bei www.GRIN.com hochladen und kostenlos publizieren

Bibliografische Information der Deutschen Nationalbibliothek:

Die Deutsche Bibliothek verzeichnet diese Publikation in der Deutschen National-bibliografie; detaillierte bibliografische Daten sind im Internet über http://dnb.d-nb.de/ abrufbar.

Dieses Werk sowie alle darin enthaltenen einzelnen Beiträge und Abbildungen sind urheberrechtlich geschützt. Jede Verwertung, die nicht ausdrücklich vom Urheberrechtsschutz zugelassen ist, bedarf der vorherigen Zustimmung des Verlages. Das gilt insbesondere für Vervielfältigungen, Bearbeitungen, Übersetzungen, Mikroverfilmungen, Auswertungen durch Datenbanken und für die Einspeicherung und Verarbeitung in elektronische Systeme. Alle Rechte, auch die des auszugsweisen Nachdrucks, der fotomechanischen Wiedergabe (einschließlich Mikrokopie) sowie der Auswertung durch Datenbanken oder ähnliche Einrichtungen, vorbehalten.

Impressum:

Copyright © 2017 GRIN Verlag
Druck und Bindung: Books on Demand GmbH, Norderstedt Germany
ISBN: 9783668839861

Dieses Buch bei GRIN:

https://www.grin.com/document/450233

S.-M. T.

Das Kraftworkout in der Trainingsplanung

Trainingslehre im Fitnesstraining

GRIN Verlag

GRIN - Your knowledge has value

Der GRIN Verlag publiziert seit 1998 wissenschaftliche Arbeiten von Studenten, Hochschullehrern und anderen Akademikern als eBook und gedrucktes Buch. Die Verlagswebsite www.grin.com ist die ideale Plattform zur Veröffentlichung von Hausarbeiten, Abschlussarbeiten, wissenschaftlichen Aufsätzen, Dissertationen und Fachbüchern.

Besuchen Sie uns im Internet:

http://www.grin.com/

http://www.facebook.com/grincom

http://www.twitter.com/grin_com

Deutsche Hochschule für

Prävention und Gesundheitsmanagement

Hermann Neuberger Sportschule 3

66123 Saarbrücken

Einsendeaufgabe

Fachmodul: Trainingslehre 1

Studiengang: Fitnesstraining

Datum
Präsenzphase   **20.03-23.03.2017**

Name, Vorname: T., S.-M.

Studienort: **Frankfurt**

Semester: **Wintersemester 2016/ 2017**

Inhaltsverzeichnis

Lösung Aufgabe 1 - Diagnose

1.1 Lösung Teilaufgabe 1.1 – Allgemeine und biometrische Daten

Tab. 1: Allgemeine Daten zur Person

Name	(aus Datenschutzgründen entfernt)
Alter	22
Geschlecht	männlich
Körpergröße (in cm)	193
Körpergewicht (in kg)	91
Beruf	Krankenpfleger
Motive	Muskelaufbau, Körper formen, präventiv Körper stabilisieren → viel Belastung im Beruf → Rücken stärken
Früherer Sport	Fußball (Bezirksoberliga 3 Jahre , 3-4x/Woche + 1 Spiel)
Aktueller Sport	Fitness Studio (Fortgeschrittener, 3x/Woche, ohne exakten Plan), Bouldern (Anfänger, 1x/Woche)
zeitl. Verfügung	3 - 4x / Woche, ein bis zwei Stunden/ Einheit
Stresslevel (Skala: 1-10)	3 (überhaupt keinen Stress: 1 - sehr, sehr stressig: 10)

Tab. 2: Biometrische Daten zur Person

Parameter	IST	Norm	Bewertung
Blutdruck	119 systolisch/ 58 diastolisch	unter 130/ unter 85	optimal
Ruhepuls	58 Schläge/Min	zw. 60-80x/Min	Bradykardie (<60/min): aufgrund langen Leistungsfußballs
gesundheitl. Einschränkungen	Leichter Schmerz in rechter Schulter (nicht dauerhaft, z.B bei Bankdrücken)	Keine Schmerzen	Skala: 1-10 → 4, vergehen aber immer mehr (1= fast gar kein Schmerz, 10= kaum auszuhaltender Schmerz)
Einnahme Medikamente	keine	---	---
orthopäd./intern. Probleme	keine	---	---
Körperfettanteil in %	16	8-20	Im Normbereich, nicht besonders definiert

Nach einer Studie der American Heart Association wird der Blutdruck als optimal bezeichnet, wenn er unter 120 mmHg systolisch und unter 80 mmHg diastolisch liegt (American Heart Association modifiziert nach Mancia et. al., 2013, S.1286). Nach dem optimalen Bereich kann man den Blutdruck weiterhin in einen Normalbereich (unter 130mmHg/ unter 85mmHg) und in einen Hochnormalbereich (130-139mmHg/ 85-89mmHg) einteilen. Darüber wird dann der sogenannte Bluthochdruck oder auch arterielle Hypertonie in verschiedene Stufen gegliedert:

Stufe 1 → 140- 159 mmHg/ 90-99 mmHg

Stufe 2 → 160- 179 mmHg/ 100- 109 mmHg

Stufe 3 → >180 mmHg/ >110 mmHg

Da der Kunde seit seiner Jugend eine gesunde und sportliche Lebensweise führte, ist es nachzuvollziehen, dass der Blutdruck im optimalen Bereich liegt. In dem Diagnose-Gespräch wurde deutlich, dass er über drei Jahre Fußball als Leistungssport betrieb und somit regelmäßig und intensiv seine Kondition trainierte, was sein Herz-Kreislauf-System stärkte. Darüber hinaus achtet er seit etwa einem Jahr auch auf eine ausgewogene und gesunde Ernährung.

Der Ruhepuls liegt bei 58 Schläge pro Minute, was auf eine Bradykardie (<60 Schläge/ Min) deuten könnte. (Lexikon Blutdruckdaten, geprüft von Croci, 2016). Diese Bradykardie ist allerdings nicht pathologisch (nicht als Krankheit begründet) zu bewerten, da sein Herz durch den lange betriebenen Leistungssport so kräftig ist, dass es weniger Schläge braucht um die benötigte Sauerstoffmenge durch die Arterien zu pumpen.

Es liegen keine orthopädischen oder internistischen Probleme bei dem Kunden vor und eine aktuelle Medikamenteneinnahme verneinte er ebenfalls.

Daher ist lediglich eine Einschränkung durch den leichten, stechenden Schmerz in der rechten Schulter bei dem Training zu berücksichtigen, ansonsten ist der Kunde voll belastbar. In dem Gespräch mit dem Kunden wurde zu dem Schmerz in der Schulter angegeben, dass ein MRT, sowie verschiedene weitere ärztliche Untersuchungen durchgeführt wurden und nichts auffälliges festgestellt wurde. Der Kunde gab an, dass er vermutet sich bei der Arbeit verhoben oder etwas eingeklemmt zu haben. Bei seinem bisherigen Training schränkte ihn dieser Schmerz lediglich beim Bankdrücken etwas ein, sodass er nur die halbe range of motion ausführen konnte. Drückübungen nach oben oder in andere Richtungen bereiten ihm keine Schmerzen. Seit einigen Wochen werden die Schmerzen auch langsam weniger belastend.

1.2 Lösung Teilaufgabe 1.2 – Krafttestverfahren

Ein Testverfahren zur Kraftmessung führt man durch, damit man weiß auf welchem Leistungsstand der Kunde sich befindet. Das Ziel des Mehrwiederholungskrafttests (X-RM) ist es, das maximal zu bewältigende Gewicht herauszufinden. Der Trainer bestimmt vorher eine Wiederholungszahl, welche dann in mehreren Testsätzen mit steigenden Gewichten sauber ausgeführt werden muss. Es wurde ein X-RM bzw. in diesem Falle ein 10-RM Test ausgewählt, da er sich gut auf das folgende Training transferieren lässt, wo ebenfalls mit einer Wiederholungszahl um die 10 Wiederholungen trainiert wird (vor allem bei der, für den Kunden wichtigen, Hypertrophiephase). Ein Maximalkrafttest wäre bei diesem Probanden aufgrund der Trainingserfahrung zwar auch möglich, weist jedoch eine hohe Problemkomplexität bei der Durchführung, sowie ein höheres Verletzungsrisiko auf.

1.2.1 Testablauf

Im ersten Schritt des Testablaufes finden das Warm Up statt, heißt es wird eine allgemeine und eine spezielle Aufwärmung durchgeführt.

Zur allgemeinen Erwärmung geht der Kunde 10 Minuten bei 10km/h auf das Laufband, danach ist seine allgemeine Körpertemperatur erhöht und es zirkuliert mehr Blut und Sauerstoff durch seinen Körper.

Nun folgt das spezielle Aufwärmen, um die Muskelgruppen und Gelenkstrukturen spezifisch zu erwärmen, welche im folgenden Training bzw. Testablauf benötigt werden. Durch die Erwärmung erfolgt eine bessere Geschmeidigkeit und Beweglichkeit der Gelenke und Muskeln, was wiederum das Verletzungsrisiko sinken lässt.

Der Kunde führt für jede zu testende Übung zwei Aufwärmsätze durch. Im ersten Aufwärmsatz nimmt er 50% des Gewichtes, welches er beim ersten Testsatz versuchen möchte und führt damit 10-12 Wiederholungen durch, allerdings ohne eine Muskelermüdung hervorzurufen. Für den zweiten Aufwärmsatz steigert er es auf 65% und führt 8-10 Wiederholungen durch, ebenfalls ohne Muskelermüdung.

Da sich in der rechten Schulter des Kunden ein aktueller Schwachpunkt befindet, wärmt er diese vor allen Übungen besonders gut auf. Außer den Aufwärmsätzen, wird hier ein leichtes Mobility Training durchgeführt, um die Schulter durchzubewegen und die Gelenkschmiere auf eine höhere Temperatur zu bringen. Die Schulter wird in alle Richtungen bewegt, die Arme werden in großen und kleinen Kreisen gedreht und es können kleine Zusatzgewichte genommen werden, um die Belastung beim Bewegung zu erhöhen und die Schulter auf das Training besser vorzubereiten.

Im Allgemeinen gilt, je intensiver und komplexer das Training ist, umso länger und besser sollte man sich auch aufwärmen.

Im zweiten Schritt des Testablaufes, wird des erste Testsatz durchgeführt. Nach dem standardisierten Mehrwiederholungskrafttestverfahren, wird je nach Übung und Geschlecht mit gewissen Prozenten des Körpergewichts angefangen (Zimmer, 1999, S. 46; Eifler, 2000, S.69). Da der Kunde aber schon Erfahrung hat, weiß er seine Testgewichte ungefähr selbst einzuschätzen und werden somit nach seiner aktuellen Leistungsstufe gewählt. Konnten im ersten Testsatz die Wiederholungen problemlos bewältigt werden, so steigern sich die Gewichte nach subjektiven Empfinden des Sportlers. Das maximal konzentrisch bewegbare Gewicht ist erreicht, wenn der Kunde die 10 Wiederholung gerade noch konzentrisch sauber ausführen konnte.

In einem letzte Schritt wird das erfahrene Testergebnis in die Trainingsplanung umgesetzt.

Nach einem Training wird ein kurzes Cool down ausgeführt, indem der Kunde nochmals 10 Minuten auf z.B. einen Cross Stepper geht und auf einem niedrigen Niveau seinen Körper wieder entspannt.

Tab. 3: Mehrwiederholungskrafttest (10-RM-Test)

Testübung	Wiederholung	1.Testsatz	2.Testsatz	3. Testsatz	Ergebnis
Latzug vertikal (weiter OG)	10	49 kg	63 kg	(70kg, nicht erfüllt)	63 kg
Chest Press	10	54 kg	61 kg	(68kg, nicht erfüllt)	61 kg
Beinpresse	10	150 kg	170 kg	180 kg	180 kg

1.2.2 Schlussfolgerungen des Krafttestes

Mit den durch die Testung erhobenen Ergebnissen kann die Trainingsplanung erfolgen. Im Fitness- und Gesundheitssport hat sich besonders eine Methode bewährt. Man berechnet die Gewichte für eine Trainingsintensität nach der Individuellen-Leistungsbild-

Methode (Eifler, 2000; 2013; Zimmer 1999) und setzt so die aus einem Test gewonnenen Ergebnisse in den Trainingsplan prozentual ein.

Die ILB-Methode gibt ein Grobraster zur Trainingsplanung vor, teilt die Sportler in verschiedene Leistungsstufen ein und ordnet dementsprechend verschiedene Belastungsparametern zu. Dazu gehört auch die Ableitung von Trainingsintensitäten. Da der Kunde als Fortgeschrittener Sportler eingestuft werden kann, wird mit 70-90 % des Ergebnisgewichtes der Testung geplant. Des weiteren gibt das Grobraster zur Trainingsplanung für fortgeschritten Trainierende drei bis vier Trainingseinheiten pro Woche, geplant in Ganzkörper- oder Splittraining, vor. Auch dies wird in der Planung berücksichtigt.

Ein weiteres großes Thema in vielen Sportarten ist der Vergleich, ob nun eigene Fortschritte verglichen werden, oder die eigene Leistung zu denen anderer.

Ein interindividueller Leistungsvergleich sollte im Fitness- und Gesundheitssport weder angestrebt werden, noch ist er durch den X-RM Test möglich. Es gibt zu viele Störgrößen, äußere und innere Einflussfaktoren, als dass man allgemeingültige Norm- und Referenzwerte erstellen könnte. Des weiteren gibt es so viele verschiedene Übungen, dass nicht zu jeder dieser Übungen Referenzwerte bestimmt werden können.

Was den intraindividuellen Leistungsvergleich betrifft, so kann man sagen, dass wieder die äußeren und individuellen Einflussfaktoren auf das Testverfahren berücksichtigt werden müssen. Es ist möglich unter exakter Einhaltung der Testrahmenbedingung und eines erstellten Standardablaufes einen intraindividuellen Leistungsvergleich zu schaffen. Somit kann man, solange man die Einflussfaktoren bei jedem Testverfahren nahezu gleich hält, den Leistungsfortschritt dokumentieren und abgleichen. Dieser Fakt dient der Trainingssteuerung und wird in gewissen Abständen dokumentiert und wiederholt getestet, um den Fortschritt des Kunden, sowie eventuelle Schwächen und Stärken festzustellen. Anschließend kann mit der Analyse des Vergleiches die weitere Trainingssteuerung bestimmt werden.

Lösung Aufgabe 2 – Zielsetzung/ Prognose

Tab. 4: Zielsetzung

Inhalt	Ausmaß	Zeit
Reduktion Schulterschmerz	Erreichen Skala 1-0	2 Monate
Muskelmasseaufbau	+3kg Muskelmasse	5 Monate
Gewichtsreduktion	Körperfettanteil <12%	6 Monate

Das erste zu erreichende Ziel ist, die leichten Schulterschmerzen innerhalb von zwei Monaten im optimalen Fall zu beseitigen. Sind sie nicht vollständig beseitigt, sollte der Kunde sie nur noch mit einer eins auf einer Schmerzskala von 1- 10 bewerten (1= fast gar keine Schmerzen, 10= kaum aushaltbare Schmerzen). Dieses Ziel wurde gesetzt, damit der Kunde eine bessere Lebensqualität hat, sich schmerzfrei bewegen kann und das Training problemlos durchziehen kann. Das Erreichen dieses Ziels ist sehr plausibel, da der Kunde angab, dass die Schmerzen in den letzten Wochen bereits schwächer geworden sind.

Das zweite Ziel bezieht sich auf den Wunsch des Kunden, mehr Muskeln aufzubauen und seinen Körper präventiv zu stabilisieren, damit er auch später in seinem Beruf keine körperlichen Probleme bekommt. Daher soll die Muskelmasse des Sportlers um drei Kilogramm gesteigert werden. Die Zielsetzung dies in fünf Monaten zu schaffen ist realistisch, da er ambitioniert trainiert und seine Ernährung weiter anpassen möchte. Im optimalen Fall kann sogar eine höhere Muskelmasse in dieser Zeit aufgebaut werden.

Das letzte Ziel wurde festgelegt, da der Kunde seinen Körper in Form bringen möchte. Genauer gesagt bedeutet dies, dass er seine erarbeitete Muskelmasse dann definieren möchte. Um diese Körperformung zu erreichen, wurde das Ziel festgelegt den Körperfettanteil unter 12% zu senken, da man bei Männer erst ab einem sehr geringen Fettanteil das z.B. oft erwünschte Six-Pack sehen kann.

Der Normwert für den Körperfettanteil der Männer liegt, nach dem Institut für Sport- und Bewegungsmedizin Hamburg (Gallagher, D., Heymsfield, S.B., Heo, M, et. al. 2000), zwischen acht und zwanzig Prozent, im oberen Bereich dieses Normwertes liegen die Muskeln meist unter einem Fettpolster.

Möchte man nun die Muskeln zum Vorschein bringen, muss der Sportler in den untersten Bereich dieses Normwertes kommen. Heißt zwischen acht und zwölf Prozent Körperfettanteil möchte er kommen, um die erwünschte Körperformung sehen zu können. Erreicht wird dies in sechs Monaten, durch einerseits konstantes Training und andererseits durch eine weitere Anpassung der Ernährung an das Training und durch Berücksichtigung des Alltagsablaufes des Sportlers.

Lösung Aufgabe 3 – Trainingsplanung Makrozyklus

Tab. 5: Makrozyklusplanung – modifiziert nach ILB-Methode

	Mesozyklus 1	Mesozyklus 2	Mesozyklus 3	Mesozyklus 4
Dauer	4 Wochen	6 Wochen	8 Wochen	6 Wochen
Trainingsmethodik	KA	Übergang	MA extensive	MA intensiv
Organisationsform	GK / Zirkel	GK	GK / 2er Split	2er Split
Häufigkeit/ Woche	2-3	3	3-4	4
Übungen/ Muskeln	1-2	1-2	1-3	1-3
Sätze/ Übung	3	3	3	3
Intensität in % ILB	50-70	60-80	70-85	75-90
Wiederholungen	15-20	12-15	10-12	6-10
Pause zw. Sätzen	30-60 sek.	60 sek.	90 sek.	90- 120 sek.
Bewegungstempo	1-0-1	2-0-2	2-0-2	2-0-2

3.1 Übergeordnete Trainingsmethode und Belastungsparameter

Die Makrozyklusplanung wurde in vier Mesozyklen mit unterschiedlicher Wochendauer aufgeteilt. Es wurde sich an der Individuellen-Leistungsbild-Methode orientiert. Diese wurde gewählt, da man sich je nach Trainingsalter (nicht das Lebensalter!) übersichtlich an dem Grobraster zur Trainingsplanung orientieren kann und diese Methode speziell für den Fitness- und Gesundheitssport entwickelt wurde. Auch passt sie zur Krafttestung in der Diagnostik, da es eine Krafttrainingsmethode auf der Basis eines X-RM ist. Die Krafttrainingsmethoden auf Basis des 1-RM wurden aufgrund des höheren Verletzungsrisikos und das Risiko für eine falsche, unkontrollierte Übungsausführung, nicht gewählt.

Zu Beginn der Makrozyklusplanung wird vier Wochen lang Kraftausdauer trainiert. Hier werden mehr Wiederholungen und schwächere Intensitäten angesetzt, was es dem Sportler leichter macht, sich auf die richtige Übungsausführung zu konzentrieren und weniger darauf nur das Gewicht zu bewegen. Außerdem wird die Grundkraft und die Kondition des Sportlers kontinuierlich verbessert. Die niedrigen Intensitäten sind des weiteren sinnvoll, da so kontrolliert und nicht überbelastend an dem Schulterproblem gearbeitet werden kann. Aufgrund der übergeordneten ILB-Methode wurden die verschiedenen Belastungsparameter ausgewählt. Im Bezug auf die Ziele des Sportlers, verbrennt er durch das Kraftausdauertraining Kalorien, ohne an der bereits vorhandenen Muskelmasse Einbußen zu machen. Heißt genauer der Körperfettanteil sinkt, in Kombination mit einem individuell auf ihn angepassten Ernährungsplan mit leichten Kaloriendefizit. In der Kraftausdauer wird eine Belastungshäufigkeit von zwei bis drei mal pro Woche festgelegt, um dem Sportler langsam an eine gewisse Kontinuität und Regelmäßigkeit heranzuführen. In den darauffolgenden Mesozyklen wird diese Häufigkeit dann gesteigert, sodass auch keine frühzeitige Überforderung des Sportlers entstehen kann. Auch die Sätze pro Übung wurden aufgrund der ILB-Methode ausgewählt, für einen Trainingsfortgeschrittenen werden dort 2-3 Sätze empfohlen. Ein Mehrsatz- Training ergibt hier auch aufgrund der verfügbaren Zeit mehr Sinn für den Sportler, da er ein bis zwei Stunden pro Trainingseinheit Zeit hat. Pro Muskelgruppe werden für die Kraftausdauer ein bis zwei Übungen angesetzt, um nicht eine zu große Trainingsdauer und Überforderung zu provozieren. Dafür ist es jedoch möglich, nachdem beispielsweise in der ersten Woche in einem Zirkel trainiert wurde, in der zweiten Woche ein Ganzkörpertraining mit kombinierten Übungen auszuführen.

Danach folgt ein sechswöchiger Übergang, wo die Intensität langsam gesteigert und die Wiederholungszahl gesenkt wird. Durch dieses Übergangstraining wird der Sportler auf die Mesozyklen vorbereitet, die sein eigentliches Ziel anstreben: die Hypertrophie. Um diesen Übergang zu den Muskelaufbauzyklen umzusetzen, wird hier das Training auf drei Einheiten pro Woche fest erhöht, sodass der Körper des Sportlers sich weiter an die regelmäßigen Reizeinwirkungen einstellt und es keine Probleme mit den Einheiten in den folgenden Mesozyklen gibt. Die Satzanzahl steht weiterhin bei drei, um ein hohes Trainingsvolumen beizubehalten. Ein bis zwei Übungen pro Muskelgruppe reichen aus, da in einer Übergangsphase keine Muskelgruppen explizit mit einer erhöhten Übungsanzahl trainiert werden müssen. In dem Übergangstraining wird weiterhin ungefährlich, durch die nicht zu hohe Intensitäten, daran gearbeitet die Schulterschmerzen zu beseitigen. Hierfür werden spezielle, stärkende Übungen ausgewählt und unter genauer Beobachtung der Haltung und der Schmerzen des Kunden die volle Beweglichkeit der Schulter wiederhergestellt. Am Ende dieses Mesozyklus sollte der Kunde frei von Schmerzen sein und motiviert in das Hypertrophietraining starten dürfen.

Der erste Muskelaufbauzyklus ist extensive geplant und dauert acht Wochen, welches dem intensitätsorientierten Krafttraining dient. Ausgewählt wurde diese Trainingsmethodik, um das Ziel des Kunden zu verfolgen. Hier findet bereits durch ausgewählte Übungen, erhöhte Intensitäten und angepassten Wiederholungen eine Muskelhypertrophie statt, um Muskelmasse aufzubauen. Die Trainingshäufigkeit pro Woche wird auf drei bis eventuell vier erhöht (je nach Motivation), um einerseits dem zeitlichen Verfügungsrahmen des Kunden gerecht zu werden und andererseits bei dieser Häufigkeit ein Muskelaufbautraining am effektivsten ist (Buskies und Boeckh-Behrens, 2009). In Relation zu der Häufigkeit, müssen dann auch die Übungen pro Muskelgruppe pro Woche erhöht werden, da eine Muskelgruppe mindestens zwei- bis dreimal pro Woche einen intensiven Trainingsreiz benötigt. Die zum Wachsen der Muskeln notwendige erhöhte Proteinbiosynthese hält auf natürliche Weise nur 36- 48 Stunden nach einem Trainingsreiz (Mac Dougall et al., 1995, Phillips, Tipton, Aarsland, Wolf und Wolfe, 1997) und muss somit immer wieder neu provoziert werden. Die Sätze werden weiterhin, nach der ILB-Methode bei drei gehalten, um eine gewisse Kontinuität und ausreichende Reize für das Nervensystem beizubehalten. Die Intensität wird gesteigert und dementsprechend die Wiederholungszahl und Satzpausen angepasst, da dies für ein Muskelwachstum notwendig ist. Durch die Kombination all dieser Parameter wird die Muskelhypertrophie erwirkt.

In dem vierten Mesozyklus wird der Muskelaufbau dann intensiv verfolgt und es werden andere Übungen und eine Splittraining zum Aufbau ausgeführt. Nach der Planung ist der Kunde nun schmerzfrei und hat bereits weitere Muskelmasse aufgebaut. Um einen weiteren Muskelzuwachs zu garantieren, müssen die Trainingsintensitäten erneut erhöht werden, da nach der übergeordneten ILB-Methode der Sportler jetzt vollständig auf dem Niveau eines Fortgeschrittenen trainiert. Er trainiert strukturiert nach seinem Plan viermal pro Woche, um ausreichend Reize für die dauerhaft erhöhte Proteinbiosynthese zu setzten. Dementsprechend trainiert er je nach Tagesziel mit ein bis drei Übungen pro Muskelgruppe. Die Splitpläne und deren Übungen werden nach drei Wochen nochmals aktualisiert oder geändert, um neue Reize zu setzen und dem Muskel nicht die Chance zu geben sich an eine Belastung zu gewöhnen.

3.2 Organisationsformen

Die Organisationsformen in den verschiedenen Zyklen lassen ich wie folgt begründen. In dem Kraftausdauerzyklus wird ein Ganzkörper- oder Zirkeltraining gewählt, um in den zwei Trainingseinheiten pro Woche genügend Trainingsreize für alle Muskelgruppen zu setzten und die Kraftausdauer in solch einer Planung besser trainierbar ist. Durch ein Ganzkörpertraining werden alle Muskelgruppen beansprucht und man kann kombinierte Übungen mit niedrigeren Satzpausen durchführen, um seine Kraft und Kondition zu stärken. Des weiteren wird in kombinierten Übungen auch die Koordination mittrainiert. In einem Zirkeltraining kann man leicht von einer Station zur nächsten gehen oder man besucht einen Functional Movement Kurs, sodass der Kunde einerseits ein Push-up Gefühl von den Mittrainierenden bekommt und andererseits oft eine Variation von den Kursinhalten besteht, sodass es nicht eintönig wird.

In dem Mesozyklus zwei, wird das Ganzkörpertraining gewählt. Hierdurch wird die vorhandene Grundmuskulatur gestärkt und der Sportler gewöhnt sich an einen strukturierten Trainingsablauf. Nach diesen sechs Wochen Übergangsphase, sollte das Ganzkörpertraining eine Selbstverständlichkeit für den Sportler geworden sein, sodass im folgenden dritten Mesozyklus die Aufteilung zum 2er Split und Ganzkörpertraining im Mix keine zu großen Schwierigkeiten bietet. Der 2er Split wird hier mit eingebaut, um effektiver an dem Muskelaufbau trainieren zu können. Es sollen mehr Übungen pro Muskelgruppe gesetzt werden und da das für alle Muskelgruppen nicht an einem Tag zu schaffen ist, wird die Muskulatur in Oberkörper- und Rumpf- /Hüft-/ Beinmuskulatur aufgesplittet. Somit wird, wenn an drei Tagen die Woche trainiert wird, einmal Split Teil eins trainiert, einmal Split Teil zwei und einmal der Ganzkörperplan. Ist der Kunde hoch motiviert, ist es auch möglich, dass er den Ganzkörperplan zweimal die Woche und somit viermal die Woche trainiert.

Für den vierten Mesozyklus werden dem Kunden dann neue Pläne erstellt. Es werden zwei verschiedene Splitpläne aufgestellt mit aktualisierten bzw. neuen Übungen im Vergleich zum vorherigen Zyklus. Durch den Split eins und Split zwei Plan trainiert er Montags und Dienstags beispielsweise intensiv die einzelnen Muskelgruppen, hat Mittwochs einen Restday zur Erholung und trainiert dann Donnerstags und Freitags wieder die Splitpläne. Am Wochenende ist dann Trainingspause oder er hat die Möglichkeit noch eine Cardioeinheit einzubauen. So hält er seine Proteinbiosynthese konstant leicht erhöht und baut Muskeln auf, ohne ein Übertraining zu riskieren.

3.3 Periodisierung

Die Klassische oder auch lineare Periodisierung bedeutet, dass der Makrozyklus so in Mesozyklen eingeteilt wird, dass man progressiv ansteigende Intensitäten bei gleichzeitig regressiv abnehmender Wiederholungszahl von Mesozyklus zu Mesozyklus beobachten kann. Ziel dieser linearen Periodisierung ist in dem Falle des Kunden, der Muskelaufbau.

In den ersten beiden Mesozyklen wird in einem umfangsorientierten Krafttraining trainiert. Durch das Kraftausdauertraining wird eine Verbesserung des anaerob-laktaziden Muskelstoffwechsels erzielt, damit der Kunde einen soliden Muskelstoffwechsel zum Muskelaufbau besitzt. Das Ziel des Übergangstrainings, wird begleitet durch eine Anpassung des Körpers an höhere Intensitäten. Er gewöhnt sich an ein regelmäßiges und anstrengendes Training.

Durch die Steigerung der Intensitäten in den letzten beiden Mesozyklen, reizt man den Körper weitere Anpassungen zu gewährleisten. In dem Falle von Mesozyklus drei und vier steht primär die Muskelhypertrophie im Vordergrund.

Lösung Aufgabe 4 – Trainingsplanung Mesozyklus

Tab. 6: Mesozyklus 4

Mesozyklus 4	
Zyklusdauer	6 Wochen
Spezifisches Trainingsziel	Hypertrophie (MA)
Trainingseinheiten/ Woche	3-4
Organisationsform	GK / 2er Split
Übungen/ Muskelgruppe	3-4
Sätze/ Übung	3
Satzpausen	90- 120 sek
Wiederholungszahl	6-10
Intensität in % ILB	75-90
Bewegungstempo	2-0-2

Der Schwerpunkt der Übungen wurde auf Freihantelübungen gelegt, da sie den Vorteil haben, dass sich die Bewegungsabläufe und Belastungen besser auf alltägliche Situationen übertragen lassen. Außerdem werden durch Freihantelübungen nicht nur isolierte Muskelgruppen angesprochen, sondern auch die Eigenstabilisation. Die intermuskuläre Koordination wird besser geschult und in der Regel wird mit der physiologischen Gelenkmechanik trainiert. Je nach vorhandenen Geräten und Gewichtsscheiben, ist bei Freihantelübungen auch eine feinere Gewichtsabstufung möglich.

Es wurde keine spezielle Muskelgruppe stärker trainiert, sondern es wurde ein Schwerpunkt auf die Rumpf und Oberkörpermuskulatur im Allgemeinen gelegt. Grund hierfür ist die schwere und unterschiedliche Belastung des Sportlers bei der Arbeit. Er muss oft Patienten umlagern und stützen, schwer heben oder Betten schieben , daher ist eine Stärkung in diesem Bereich äußerst wichtig. Für den Wunsch des Sportlers eine gute Körperform zu bekommen und Muskeln aufzubauen, werden die anderen Muskelgruppen dementsprechend angepasst und auch hypertroph trainiert.

Mehrgelenkige und eingelenkige Übungen sind relativ ausgeglichen vorhanden. Mehrgelenkige Übungen verbessern die intermuskuläre Koordination und verbrauchen mehr Energie. Eingelenkige Übungen ermöglichen wenige Ausweichbewegungen und sind somit für ein isoliertes Muskelgruppentraining von Vorteil.

Tab. 7: Mesozyklus - Split 1

Mo.: Split 1; Trainingsschwerpunkt Oberkörpermuskulatur						
Übungen	WH	Sätze	Satzpausen in Sek.	Intensität in % ILB	Bewegungstempo	Beanspruchter Muskel und individueller Nutzen für Sportler
Flachbank drücken LH	6-8	3	120	85-90	2-0-2	→ beansprucht primär Brust (sekundär Trizeps) → sehr gute Übung um allg. Brustmuskulatur aufzubauen → stärkere Brustmuskulatur erleichtert dem Sportler die Druck und Schiebearbeiten auf der Arbeit
Schrägbank drücken KH	6-8	3	120	85-90	2-0-2	→ beansprucht primär Brust (sekundär Trizeps) → baut obere Brustmuskulatur auf → stärkere Brustmuskulatur hilft auf der Arbeit: Patienten leichter zu lagern, Betten leichter zu schieben
Kabelkreuzen (Seilzug)	8-10	3	90	75-90	2-0-2	→ beansprucht innere Brust, (passiv Bizeps/ oberer Bauch durch Anspannung) → bringt Brust in eine bessere Form, da die Ansätze der

						Brust durch Muskelaufbau mehr herausstechen
Latzug vertikal (weiter OG)	8-10	3	90	75-90	2-0-2	→ beansprucht Latissimus (passiv Bizeps/ hintere Schulter) → stärkerer Rücken, breitere Form/ Erscheinung,
Rudern vor- gebeugt LH	8-10	3	90	75-90	2-0-2	→ beansprucht Latissimus und allgemeine Rückenmus- kulatur, → stärkt die Rückenmusku- latur großer Transfer zum Alltag bei Hebebewegungen, gut für die Arbeit, → Zugaufgaben (lagern der Patienten, Betten ziehen etc.) fallen ihm leichter, die Hal- tung ist stabiler
Butterfly reverse (Maschine)	8-10	3	90	75-90	2-0-2	→ beansprucht hintere Schulter/ oberer Rücken → sorgt für eine aufrechte Haltung, wichtig für Kunden, da er viele Arbeiten vornübergebeugt erledigt und somit wieder in eine gerade Haltung trainiert → Muskeln ziehen Schultern automatisch wieder zurück.
Außen- rotation Schulter KH	8-10	3	90	75-90	2-0-2	→ beansprucht stärkt die Außenrotatoren → baut dort Muskulatur auf und hat in der vorherigen Trainingsphase die Schmer- zen des Kunden vermindert → Zum ausbalancieren von drückübungen
Seitheben KH	8-10	3	90	75-90	2-0-2	→ beansprucht mittlerer An- teil Schultermuskulatur → für bessere Form, fällt leichter Sachen seitlich an- zuheben/ zu halten
Armstrecken (Turm, Seilzug)	8-10	3	90	75-90	2-0-2	→ beansprucht Trizeps → für bessere Form, als An- tagonist zum Bizeps → Arme werden durch Bouldern auch stark trainiert
Bizepscurls SZ, stehend	8-10	3	90	75-90	2-0-2	→ beansprucht Bizeps → für bessere Form, fällt leichter Sachen beugend anzuheben → Arme werden durch Bouldern auch stark trainiert

Die Übungen in dem Trainingsplan wurden genauso gewählt, dass sie sich an den vorherigen Trainingsplan, an den aktuellen Leistungsstand und an die Wünsche des Sportlers anschließen. Jede Übung wurde aufgrund von Kriterien ausgewählt, die die Ziele des Sportlers verfolgen und sodass es im Möglichen des Sportlers ist die Übung korrekt und sauber auszuführen.

Tab. 8: Mesozyklus - Split 2

Di.: Split 2; Trainingsschwerpunkt Bein-/ Hüft-/ Rumpfmuskulatur						
Übungen	WH	Sätze	Satzpausen in Sek.	Intensität in % ILB	Bewegungstempo	Beanspruchter Muskel und individueller Nutzen für Sportler
Kreuzheben LH	6-8	3	120	85-90	2-0-2	→ beansprucht Beine, unterer Rücken, (sekundär Ganzkörper) → Hebeübung, guter Transfer zum Alltag, stärkt kompletten Körper, bessere Stabilität
Kniebeuge LH	6-8	3	120	85-90	2-0-2	→ beansprucht Beine → stärkt gesamten Körper → bessere Stabilität, leichteres Aufstehen mit Lasten → langes Stehen und viel gehen auf der Arbeit fällt leichter
Beinstrecker Maschine	8-10	3	90	75-90	2-0-2	→ beansprucht obere Oberschenkelmuskulatur → isolierte Stärkung → für bessere Form → langes Stehen und viel gehen auf der Arbeit fällt leichter
Beinbeuger Maschine	8-10	3	90	75-90	2-0-2	→ beansprucht hintere Oberschenkelmuskulatur → isolierte Stärkung → für bessere Form → langes Stehen und viel gehen auf der Arbeit fällt leichter
Wadenheben Multipresse	8-10	3	90	75-90	2-0-2	→ beansprucht Wadenmuskulatur → isolierte Stärkung → für bessere Form → langes Stehen und viel gehen auf der Arbeit fällt leichter
Crunches	Max	3	90	75-90	2-0-2	→ beansprucht obere

						Bauchmuskulatur → für bessere Form → dauerhaft plus richtige Ernährung: Erzielung Six-Pack
Beinheben hängend	Max	3	90	75-90	2-0-2	→ beansprucht untere, gerade Bauchmuskulatur → für bessere Form und Stabilität → dauerhaft plus richtige Ernährung: Erzielung Six-Pack
Rumpflateralflexion KH	8-10	3	90	75-90	2-0-2	→ beansprucht seitl. Bauchmuskeln, Rumpf → Rumpfstabilisation
Russian Twist KH/ Gew.platte	Max	3	90	75-90	2-0-2	→ beansprucht schräge Bauchmuskeln → für bessere Form → dauerhaft plus richtige Ernährung: Erzielung Six-Pack

Lösung Aufgabe 5 – Literaturrecherche

In der folgenden Tabelle werde zwei Studien zu den Effekten des Krafttrainings bei der Krankheit Osteoporose vorgestellt.

Tab. 9: Studienvergleiche

Kriterium	Studie 1	Studie 2
Studie durchgeführt von	Ahn N. , Kim K.	Gombos GC., Bajsz V., Pék E., Schmidt B., Sió E., Molics B, Betlehem J.
Jahr der Publikation	2016	2016
Welche Versuchspersonen	29 Frauen um die 74 Jahre:	150 Frauen um die 59 Jahre mit Osteopenie oder Osteoporose
Versuchsaufbau	*Aufgeteilt in drei Gruppen → Normal → Osteopenie (Vorstufe Osteoporose) → Osteoporose eingeteilt wurden sie nach einer Knochendichtemessung *1 Stunde Training/Tag, 3x/ Woche für 12 Wochen *gemessene Werte: → Inhaltsstoffe des Knochens → Knochendichte → Osteocalcinkonzentration	*Aufgeteilt in drei Gruppen a 50 Leute → Krafttrainingsgruppe → Walkinggruppe → Kontrollgruppe *gemessene Werte (direkt vor und nach Training gemessen): → Knochenspezifische alkalische Phosphate → vernetzte Carboxyl-Terminal Telepeptide (Typ 1 Kollagen) → Sclerostin Serumkonzentrationen
Ergebnisse	* bei der Osteoporosegruppe sind die Werte nach 12 Wochen signifikant besser angestiegen und waren im gesamten auch besser als in den anderen beiden Gruppen *Krafttraining reduziert effektiv das Risiko einer osteoporosischen Fraktur	*Krafttraining beeinflusst die Serumkonzentration von CTX, Walking hingegen nicht

Zusammenfassend von den beiden Studien kann man schlussfolgern, dass Krafttraining bei der Erkrankung Osteoporose helfen kann die Knochendichte wieder zu stabilisieren. Die Krankheit kann durch effektives Krafttraining zwar nicht beseitigt werden, aber aufgehalten und präventiv gestoppt oder hinausgezögert werden. Leichtere Sportarten, die den Körper nicht mit Gewichten stark belasten, wie z.B. Walking zeigen hingegen keine solchen Effekte auf.

6. Literaturverzeichnis

Ahn N. , Kim K. (2016), PubMed

zul. aufgerufen am 06.04.2017 um 23:09 Uhr

https://www.ncbi.nlm.nih.gov/pubmed/27630402

Buskies, W. & Boeckh- Behrens, W.-U. (2009). *Fitness-Gesundheits-Training. Die bes* *ten Übungen und Programme fürs ganze Leben.* Reinbek bei Hamburg: Ro wohlt.

Croci, S., Blutdruckdaten.de

zul. aufgerufen am 06.04.2017 um 23:09 Uhr

https://www.blutdruckdaten.de/lexikon/puls-normalwerte.html

Eifler, C. (2000). Krafttraining nach der ILB-Methode – *Eine empirische Überprüfung* *der Trainingseffekte bei Anfänger und Fortgeschrittenen.* Diplomarbeit, Univer sität des Saarlandes. Saarbrücken.

Eifler, C. (2013). *Empirische Überprüfung der Effekte verschiedener Ansätze zur Inten* *sitätssteuerung im fitnessorientierten Krafttraining. Dissertation, Universität* *des Saarlandes. Saarbrücken.*

Gallagher, D., Heymsfield, S.B., Heo, M, et. al. 2000

Institut für Sport- und Bewegungsmedizin Hamburg

zul. aufgerufen am 06.04.2017 um 23:39 Uhr

http://www.sportmedizin-hamburg.com/html/Calipometrie.htm

Gombos GC., Bajsz V., Pék E., Schmidt B., Sió E., Molics B, Betlehem J. (2016), PubMed

zul. aufgerufen am 06.04.2017 um 23:09 Uhr

https://www.ncbi.nlm.nih.gov/pubmed/27278385

Mac Dougall, J.D., Gibala, M.J., Tarnopolsky, M.A., Mac Donald, J.R., Interisano, S.A. &Yarasheki, K.E. (1995). The time course for elevated muscle protein synthesis following heavy resistance exercise. *Canadian Journal of Applied Psychology,* 20 (4), 480- 486.

Mancia, G., Fagard, R., Narkiewicz, K., Redòn, J., Zanchetti, A., Böhm, M. et al. (2013). 2013 ESH/ESC Guidelines fort he management of arterial hypertension. The task force fort he management of arterial hypertension oft he European So ciety of Hy-pertension (ESH) and pf the European Society of Cardiology (ESC). Journal of Hyper-tension, 31(7), 1286

Phillips, S.M., Tipton, K.D., Aarsland, A., Wolf, S.E. & Wolfe, R.R. (1997). Mixed muscle protein synthesis and breakdown after resistance exercise in humans. *American Jounal of Psychology*, 273 (1), E99- 107.

Zimmer, M. (1999). *Entwicklung und Erprobung eines Mehrwiederholungstests zu Er fassung der Kraftleistung im Fitneßtraining*. Diplomarbeit, Universität des Saar landes. Saarbrücken.

7. Tabellenverzeichnis

BEI GRIN MACHT SICH IHR WISSEN BEZAHLT

- Wir veröffentlichen Ihre Hausarbeit, Bachelor- und Masterarbeit

- Ihr eigenes eBook und Buch - weltweit in allen wichtigen Shops

- Verdienen Sie an jedem Verkauf

Jetzt bei www.GRIN.com hochladen und kostenlos publizieren